TUM KOI JAADUGAR HO KYA?

Hinglish Poems

~ DIPESH KANHAIYALAL MOTAWAT

notionpress.com

INDIA • SINGAPORE • MALAYSIA

Copyright © Dipesh Jain 2025
All Rights Reserved.

This book has been published with all efforts taken to make the material error-free after the consent of the author. However, the author and the publisher do not assume and hereby disclaim any liability to any party for any loss, damage, or disruption caused by errors or omissions, whether such errors or omissions result from negligence, accident, or any other cause.

While every effort has been made to avoid any mistake or omission, this publication is being sold on the condition and understanding that neither the author nor the publishers or printers would be liable in any manner to any person by reason of any mistake or omission in this publication or for any action taken or omitted to be taken or advice rendered or accepted on the basis of this work. For any defect in printing or binding the publishers will be liable only to replace the defective copy by another copy of this work then available.

Author`s Note

Kehne ke liye yeh sirf ek kitaab hai,

Jisme thodi khushi

Thode gham

Thode rishte,

Aur thode hum,

Par meri toh yeh zindagi hai,

Mere sapne,

Meri bucketlist,

Pata hai aap ne iss kitaab ko padhkar

meri bucketlist ko pura kiya hai,

Hum har ek mod mein jeene ki wajah dhundte hai,

sochte hai ki kuch worth it kar le,

Par aapne isey padhkar isey mere liye

unn saare sapno ko phir dekhne ka mauka diya,

Jisey mai jeena chahta hun

Jisme mai khudko dekhna chahta hun

Yeh mere liye bahut magical hai,

Yeh koi magician hi kar sakta hai,

Isliye

To all the readers & all the magicians of my life,

Tum koi Jaadugar ho kya?

Joh mere zindagi mein magic lekar aaye ho!!

~ to all the **Jaadugars**

Index

Chapter 1

BACHPAN – SCHOOL LIFE-FRIENDSHIPS

DADAJI KI LAATHI!!!

Dadaji Ki Lathi

Jinke pair ki dhul ko sar mathe par chandan ki tarah lagaya tha,

Jinke lathi ko apna khilona banakar unke sath unki lathi bankar unhe chalaya tha,

Jinke chashmo ko kai dafa toda,

par unhone kabhi gusse mai nahin har baar pyaar se mujhe itna hi bola, "ab mai akhbar kaise padunga?"

aur maine har baar bola bade masumiyat se mai hun naa dadaji mai aapko har khabar padkar sunaunga,

kandhe par bithakar papa ne khoob ghumaya,

par dadaji ke sath lathi pakadkar chala tab zindagi ka sahin arth samjhaya,

Papa dadaji ki pension bank se withdraw karke laate,

dadaji usme bhi bacha hi lete,

badi mehnat se kamaye jaate hai paise

isey fizul nahin, soch samaj kar kharch karte,

aankhon mai bhale hi dhundla-dhundla dikhta tha,

par soch crystal clear thi,

mai unke sukh dukh ka sathi tha,

keh sakte hai mai apne dadaji ke budhape ki lathi tha

YAHIN TOH WOH BACHPAN HAI

Yahin toh woh bachpan hai

Mitti mein khelta muskata yahin toh woh bachpan hai
Beparwah hokar zindagi bhar ke liye kisse banata
yahin toh woh bachpan hai,
Zamane ko apni masumiyat se apna kayal banata
yahin toh woh bachpan hai,
Maa ko khaate -khaate chakkar lagawata
yahin toh woh bachpan hai,
Aur badmashi ke baad usiki aanchal mai chup jaata
yahin toh woh bachpan hai
Kisi bhi ghar ki ghanti bajaakar bhaag jaata
yahin toh woh bachpan hai
Aasaman ke taaro mai kahin apno ko khojta
yahin toh woh bachpan hai
Samajhdaari se pehle kisike ehsas ko samajhta
yahin toh woh bachpan hai
Behen ke hatho se apni kalai mai rakhi bandhkar apne gullak
se gift laata
yahin toh woh bachpan hai
Pitah ke kandho se duniya dekhta yahin toh woh bachapn hai
Ulji joote ki lace, ulti tie aur din bhar ki dher saari kahaaniya
yahin toh woh bachpan hai

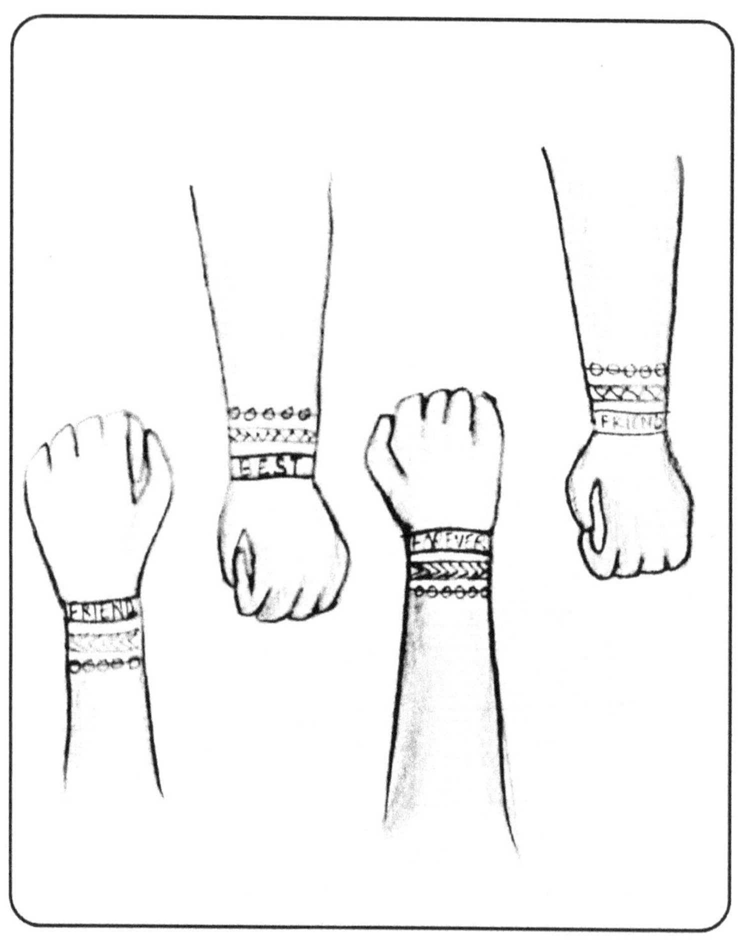

FRIENDSHIP BAND

Friendship Band

Kisike liye sirf ek band ho sakta hai,

Mahez ek dhagee ka tukdaa jisey agle hi din

Kahi kholke fek diya jaaye,

Par mere liye friendship band taa-umr ka ehsas hai,

Mana yeh friendship band kone mein toot kar kahin
reh jayega,

Par usey bandhne ke waqt

Jo chehre pe muskurahat thi usey kon cheen payega,

Jo awaaze yeh friendship day ke din

aati thi jis se dosti aur mukammal hoti thi,

Kahi par band bandhkar purane gile shikwe dur ho rahe hai,

Kahi par band bandhkar mohabbat ke silsile shuru ho rahe hai,

Kahi pe band par kechiya chalai ja rahi hai,

Kahi pe band ke rang dhunde ja rahe hai,

Kahipe chupke-chupke nazre milayi ja rahi hai,

Kahi pe chupke- chupke nazre churai ja rahi hai,

Kisiko toh mahenge wale friendship band bade
thaath se bandhe ja rahe hai,

Kisiko toh parkar se hi kaam chalaye ja rahe hai,

Yeh zaruri nahin ki text karke hi friendship day manaya jaye,

Kabhi -kabhi hubahu milkar ek friendship band
bhi bandh lena chahiye mere dost!

BENCHMATES

Benchmates

Aap sabhi ne Schoolmate suna hoga classmate suna hoga

Par woh toh meri benchmate thi

Jab class mai roll no.Wise seating arrangement huii aur uska
roll no. Mera roll no se mila

Tab aisa laga ki pandit ji ne humari kundali mein

36 ke 36 gun mila diye ho

mera bag, uska bag

Mera aadha bench

Uska aadha bench

sab kuch perfect chal raha tha

Mere jokes par uska hasna

Aur aage peeche walo ko markar hasne ke liye kehna

Uss bench mein sath mein bitaya har din kisi

Khoobsurat sapne ki tarah lag raha tha

Uska din bhar badbad karna

par mere kaano mein toh sirf violin ka bajna

uske gusse mein bhi ek junoon tha aur hasi mein bhi ek sukoon

Uss se kabhi kuch kaha nahin

Aur naa hi usne

Kabhi kuch samjha

woh thi isliye roj school aata,

Usey dekhe bina ek din bhi kisi arse ki tarah lagta

Khud ke gaane likhta, uske sath antakshari khelta

book cricket mein bade bade shot lagata

Zindagi mein joh bhi khaas shaqs tumse takraye woh zaroori nahin ki tumhara soulmate hi bane

Kuch uski tarah zindagi bhar ke liye 'benchmate" bhi ban jaate hai

**Izhar-e-mohabbat toh isharo mein bhi ho
sakti hai,**

**zaruri nahin ki har baar lazo ki
zarurat pade**

THIS IS ME
MY FAVOURITES
MY FAVOURITE COLOUR
MY FAVOURITE CARTOON
MY FAVOURITE PLACE
MY FAVOURITE FOOD
MY E-MAIL ID
MY ADDRESS
MY PHONE NO.
S L A M
B O O K

SLAM BOOK

Slam book

Aap sab ne notebooks bhari hogi, practical book bhari hogi,
aur toh aur rough books ko bhi bhar di hogi,
Par slam book bharne ka kuch alag hi excitement tha,
Dosti, khawab aur mohabbat ke baare mein
likhne se badta attachment tha,
Badi ajib si takat thi slam books mein isey
Likhne par bhi ankhien bhar jaati aur padhne par bhi,
Uss samay koi aakar yeh puchta tha ki
tum meri slam book bharoge toh aisa lagta tha ki
maano jaise, woh lifetime friendship ki membership ka
agreement kar raha ho
Slam books mein likhe huee sapne pure huee ki nahin,
koi farak nahin padta hai
Par usko sath milkar dekhne ka junoon kuch alag he tha,
Maze ki baat tab thi jab yeh dekhte the ki slam books
kis -kis ke hatho se guzar rahi hai,
Usme panne hamesha kam hote the,
Isliye hum sochte ki humara naam hoga ki nahin
Zindagi mein zaruri nahin ki facebook par
sab baatien jag jahir ki jaaye,
Kabhi -kabhi kuch yaadien slam books mein bharkar
bhi mehfooz ki jaa sakti hai

YAARO KE BINA ZINDAGI KYA?

Yaaro ke bina zindagi kya?

Yaaro ke bina zindagi,
Woh zindagi hi kya,
Woh joh tumhare sath har halaat mai rahe
Jab jeb khaali thi tabhi
Yaa tooti saikal thi tabhi,
Tu bas niche utar sab ho jaayega
Tension mat le gaadi aaj tera bhai chalayega
Waqt ke sath toh hum badalte hai
Humari Yaari nahin
Yaari toh woh he hai joh aapka sirf sath chahti hai
mushkil se mushkil daur mein aapke sath khade rahe
acha bura samay sath dekhte -dekhte bade huee
Yaari mein koi boundaries nahin hoti hai
Yaari toh boundary paar karne ke liye bani hai
Joh tumhe hausla de
Joh tumhe kabhi girne na de
Joh tumhari kamyabi ki kahaani likhe
Aur nakamyabi mein akela naa chode
Joh tumhare udaan ko raftaar de
aur safe landing ki duaa kare
Saare rishto ki jhijhak ek taraf
Dosti ki befikri ek taraf

EXPECTATIONS

Expectations

Beta bada hokar saari zimmedari sambhal lega
Papa ke upar gaya hai na padhai mein toh baazi maar he lega,
Sabse aage mere bache honge
Par joh peeche honge woh bhi toh kisi na kisi mein ache honge
Hum har haalat mein jeetna sikha rahe hai
Par usey zyada behtar hai ki hum har haalat mein unhe jeena
sikhaye
Unhe yeh sikhaye ki haar jeet toh zindagi ka sirf ek silsila hai
Na ki tumhare Zindagi ka koi aakhri faisla hai
Jeetne ko itna fascinating kabhi na banaye
Jiss se ki haar itni disappointing lage
Bacho ko comparsion ke daud mein nahin
compassion ke importance ko samjhaye
Sab kar rahe hai toh tum bhi karo!!!
Isey acha
Sab kar rahe hai na toh chalega agar tum naa bhi karo
Abhi seh lo toh kal acha hoga
Isey acha
Abhi keh do kya karna chahte ho toh kal joh bhi hoga woh
tumhari icha se hoga
Aapne agar khwabon se unhe baandh diya toh duniya ko sirf
ek pinjre mai bandh panchi ki tarah dekh paayenge
Aur agar aapne khule aasman mein chod diya toh dekhna
woh apna ghar khud banakar batayenge
Isliye possessive hone se acha hai unhe positive approach do
Toh expectations bhi frustration nahin excitement laayegi

DOSTI JAISA RISHTA KAHAN?

Dosti jaisa rishta kahan?

Joh teri har haari baazi ko jeet mein badal sakta hai
Joh teri mohabbat ke liye sirf tumhare liye har ladai lad sakta hai
rishtedar jisey nakar denge
Par dost hoga woh kandhe par bithakar ghuma lenge
Tu apna limit samaj kehne wale kehte rahenge
Sacha yaar tujhe limitless bana denge
Bhale tujhpar khub hase
Par koi aur hase toh shayad woh kaise bache
Bhale roj baat ho naa ho
Par jab baat hogi toh kaise ho sakta hai ki purani baat naa ho
Tu chahe girega uthega aur shayad phir girega
Situation koi bhi ho tera yaar tere liye sirf one call away hoga
Har koi judge ban sakta
Par tumhara yaar humesha tumhari vakalat karega aakhri dum
tak karega
Saare sabut saare gawah bhale tumhaare khilaaf ho jaaye
Woh yaar he hoga joh my lord mera dost sacha hai yeh sab ke
samne hak se keh jaaye
Khoon ke rishto ko sar jhuka kar pranam karte hai
Par dosti aisa rishta hai jisey ghale lagaakar dil se salam
karte hai

KOI LEKAR AA SAKTA HAI

Koi lekar aa sakta hai

Koi lekar aa sakta hai
Toh lekar aa jaana mere bachpan ki saari masumiyat,
Mera woh bina baat par hasna,
Meri har zidd ko sabhi ka milkar pura karna,
Bhale kandhe par kitaabo ka bojh tha,
Zindagi Saturday – Sunday nahin usey jeeta har roj tha
Chalo phir kabhi waqt nikalkar milte hai aisa nahin,
Mai neeche aa gaya hun abhi ke abhi chalte hai,
Koi lekar aa sakta hai toh lekar aa jaana
meri who befikri si azaadi,
jisey jeene ke liye motivational lecture ki nahin,
Dosto ki, apno ki zarurat pade,
Jaha canteen ka khaana naa pade,
Maa ke hatho ka swaad wala tiffin mile,
Jaha stress anxiety ki counselling na ho,
Society ka aisa koi ghar na ho jisse mere shot se kisike
forselling tuti na ho,
Jab aankhon se ek aansu kya gira sab aa jaate
Aur aaj sab hote huee bhi aankhon ke aansu kahin chup se
jaate hai
Sabhi ne dekha humara bada hona
Par yaar kabhi kisi ne nahin pucha humara bachpan ka
yuhi kho jaana

Chapter 2

MOHABBAT

WOH AB HAI KAHAN?

Woh ab hai kahan?

Woh Shaam thi haseen
Aur Woh Mehfil ab hai kahan,
Yun ghanto ka guzarna,
Phir uska aana,
Aur aake yun nazaro se sab keh jaana
Woh ab hai kahan?
uska gali se guzarna,
Aur meri heartbeat ka badna
Phir uske uljhe huee zulfon mai yuhi ulajhte reh jaana
Woh ab hai kahan?
Hazaro koshish karni, kisi ek ki toh chalni
Phir mujhe dekh ke yun muskurana,
Haaye, mai toh marjaana,
woh ab hai kahan?
Yun chooti moti baatien phir mulakatien
aise hone laga haule haule pyaar
Kisi facetime par nahi face to face hota tha izhar
Woh ab hai kahan,
Woh ab hai kahan

AB SAB KUCH HAAR JAU

Ab sab kuch haar jau

Ab Sab kuch haar jau toh bhi gham kis baat ka

Tu sath hai toh dar kis baat ka

Mai kahin ladkhadaaya toh tune hath tham liya

Kaha ki mere hote huee tum gire toh mera sath kis kaam ka

Mere aansuo ko pocha

Mere dard ko mehsos kiya

meri har mayusi ko muskurahat mai tabdil Kar diya

Tumhare sath ne saare halaat badal diye

Ab jis waqt mein tum naa ho woh waqt kis kaam ka

Mere har khwaabon ko tumne apna khwab bana diya

Mere ishq ko tune ibadat bana diya

Koi naa tha mera iss duniya mein

Par tumne toh mujh mein hi apni puri duniya ko basa diya

Mohabbat ke yeh khoobsoorat shabd

joh tumhare khoobsoorati ko bayan naa kar sake toh wo

Shabd mere kis kaam ka

Ab Sab kuch haar jau toh bhi gham kis baat ka

Tu sath hai toh dar kis baat ka

LANDLINE WALA PYAAR!

Landline wala Pyaar!

Hello, hello, hello

Who's this? (reply from other side)

Hello

Aur phir ek lambhi khamoshi humari taraf se

Kuch na kehne ke bavjud bhi sab kuch pata chal jaata hai,

Agle hi din milne par puch hi leti ki kal call tumne he kiya tha na?

Landline toh lifeline ban jaata

Public booth se uske private landline pe call kiya karte

Uski sirf ek awaaz sunne ke liye kitni jagdojehed kiya karte

Uss booth mein 1 coin dalte waqt rab se kitni duaa karte

He bhagwan call woi uthaye

Mujhe bas sirf ek baar uski awaaz sunne ko mil jaaye

Woh ehsas kitna real tha

Uss se milta kitna sukoon tha

Aaj jaha miss call kahin call log mai kho jaate hai

Tab good night kehne ke liye landline mai ring dekar

dono aaram se soo jaate

Koi emojis nahi, koi facetime nahi

Bas awaaz sunkar pata chal jaata ki woh kya mehsos karti hai,

woh kya kehna chahti hai

Uljhe huee wire mein kitne suljhe huee rishte huaa karte sirf ek
call ke liye kitna intezar kiya karte

Limited pack mai bhi saari baatein puri ho jaati thi

Aaj unlimited pack hote huee bhi bahut kuch baatein adhuri
reh jaati hai
Landline ne humein patience sikhaya
Mohabbat mein efforts ke importance ko samjahya
Do awaazo ko milakar Do rooh ko milane ka kaam kiya
Isliye mai ne toh "landline wala pyaar kiya"

WADA RAHA!!

Wada Raha!!

Wada raha

Aage joh bhi ho zindagi mai tere sath hamesha khada
rahunga

Wada raha

Daur kitna bhi mushkil kyun naa ho

Usey tujhse bichadane ka bahana nahin banne dunga
Wada raha

Waqt kitna bhi lage

Par tere sath har roj behtar banne ki koshish karunga
Wada raha

Tune joh khawab dekhe the

Usey pura karne ke liye tere sath chalunga

Wada raha

Teri meri baaton se pehle humari baatein hogi

Har shaam khule aasman ke beech,

ek chaand aur 2 cup chai se puri hogi

Wada raha!

**Jisey dekhe bina hi itni ghazlein
likh di,
socho woh hakikat mein kitni
khoobsurat hogi**

TUM KOI JAADUGAR HO KYA?

Tum koi Jaadugar ho kya?

Meri iss berang si zindagi mai dheero rang laayi woh,

Rab se kya maangu woh khud rab ki koi apsarah si ban aayi woh,

Maa ki daant bhi pyaari lagne lagi,

Mano har mushkil aasan lagne lagi,

Office mai jaane se pehle shishe mai dekhkar baalo ko set karne laga hun,

Beparwah sa tha ab zimmedar hone laga hun,

Weekdays mein isliye kaam karta hun ki

Jab weekend aaye toh tujhe kisi coffee date pe milu aur teri baato se stress free ho jau,

Tujhe dekhte hi sab itna kyun khoobsurat lagta hai,

Yakin nahi tha mohabbat par,

Ki mohabbat mai aisa bhi koi farishta hota hai,

Mai chaand taare na laa pao toh kya huaa,

Mai likh toh sakta hun,

Tumhare taarifo mai unki khoobsurati tumhare sath jod toh sakta hun,

Sach kahu toh meri bewajah si iss zindagi mein wajah dene aayi ho,

Tum koi jaadugar ho kya?

Joh meri zindagi ko mein magic lekar aayi ho!

GULAB

Gulab

Kehne ke liye yeh toh sirf ek Gulab hai, pyaar sa, laal sa har mohabbat ka jawab hai,

Iske khushboo se kitni mohabbat gulzar hui,

Kisey toh naye raaste mile aur koi toh umar bhar ke liye paas hue,

Gulab ke har pankhudiyon mein "She loves me, She loves me not" dhundte hai,

Par agar joh bane hai ek dusre ke liye arso baad bhi gulab ka phool unke purane kitabo mein milte hai.

Joh dene se hichkichaye toh unke hoo naa paaye,

Aur joh dene ki koshish ki toh shayad umar bhar ke liye unke ho jaaye

saare dialogues saari badi-badi lines ka kaam sirf ek gulab kar sakta hai,

Tumhari chahat, Tumhari aadat, Tumhari mohabbat ko tumhare samne khada kar sakta hai,

Uski khoobsurati ko,

Tumhari mohabbat ko,

mukkammal karnewala bahut he lajawab

Hai yeb "GULAAB"

Kitni ajeeb si hai duniya humari dipesh, mohabbat ko bhi taarikh se bandh karke rakha hai

Brahmand mein har awaaz sunai deti hai dipesh,
bas puri wohi hoti hai jisey purey shiddat se kahin gayi ho

MUJHE BHAA GAYI TERI SAADGI

Mujhe bhaa gayi teri saadgi

Zuban par khamoshi
Par aankhon mein jhalakti chupi huii gehri kahaani
Baato mai tehzeeb hai
Isliye meri badi aziz hai
Kehta hun sabke maujudagi mein
Ki mujhe bhaa gayi teri saadgi
Kaise koi tumse mohabbat na kare
Tum toh rishto ko rab se pehle ibadat karti ho
Joh tum apno ko apna itna maanti ho
Bada sukoon milta hai jab tum halki si muskurati ho
Toh kaise naa tumse lagaye koi dillagi
Mujhe bhaa gayi teri saadgi

WILL YOU BE MINE FOREVER & EVER & EVER?

Will you be mine forever & ever & ever?

Hum sab parties, wedding events, yaa aur kisi bhi social event
mein kitne hi logo se mil jaate hai,

Kuch log event khatam hote hi eliminate ho jaate hai,

Aur kuch logo ko event mai hi soulmate mil jaate hai,

Kabhi coffee peete-peete connection ban jaata,

Kabhi dance karte dekhkar lifetime ke liye attachment ho jaata,

Bheed kitni bhi hone do aankhein sirf uss shaqs ko dhundti hai,

Woh sath rahe yaa pass khade rahe bas isme rooh khudko
acha mehsos karti hai

Kaun kehta hai pehli nazar ka pyaar sirf ek filmy kahaani hai,

Aise bhi ho toh ho sakta yeh mohabbat kayanat se bankar aayi hai

Sab kuch jaankar kisi ka ho jaana maturity hai,

Par sirf kisi ek connection ke chalte hamesha ke liye sath hone ka
adventure kuch alag he hai,

Aisa koi shaqs mil jaaye toh

Event khatam hote he unhe "goodbye" nahi kehte

Behtar hoga keh dena ek baaar

"Let this event continue for a lifetime,

will you be mine forever & ever & ever"

KYA ZARURAT

Kya zarurat

Tu hath tham le toh kisi aur ki kya zarurat

Tu keh de joh arso se sunna chahta hun toh kisi aur ki sunne ki

Kya zarurat,

Bas tu ek baar palke japka de toh lafzon ki

Kya zarurat,

Meri kahaani tujhse hi shuru hoti hai tujhpar hi aakar khatam hoti hai,

Toh kisi aur kirdar ki

Kya zarurat,

Paa liya tujhe toh jahan paa liya toh phir aur kuch paane ki

Kya zarurat,

Jab tujh jaisa chaand mere sath ho toh pure aasman ki khawashien rakhne ki

Kya zarurat!

KHUD SE ZYADA MOHABBAT!!

Khud se zyada mohabbat!!

Teri ek jalak ke khatir sab kuch vaar du
Tujh par jitni luta saku mohabbat usey zyada luta du
Tera sabse zyada khayal karu
Tere mangne se pehle tujhe joh chahiye
woh tere hatho mai thama du
Tujhe inn azaad hawaon se rubaru karau
Tera saya bankar sath du
Tujhse sabse zyada pyaar karu
jhoothe bade wado se nahin
Chote chote koshishon se tujhe apna bana lu
Bade bade gifts se nahin
Saadgi se shabdon mein tujhe apne dil ke jazbaton ko jata du
Dikhave ka pyaar joh kuch ghanto
mein kho jaaye iss se behtar
Dil se pyaar karu joh
tere rooh ke sath taa-umr ke liye reh jaaye
Mujhse zyada pyaar karne wala tumhe shayad he milega
aakhir **Khud se zyada mohabbat kaun karega**

PERFECTION NAHIN, AFFECTION DHUNDO

Perfection nahin, Affection dhundo

Suno, Perfection nahin, Affection dhundo sab perfection
dhundenge toh affection ka kya hoga,

Reel ke zamane mai real world se alag hona lazmi hai,

Skip to the good part ke era mai

Kisike struggling part ke era se escape ho jaana aam baat hai

Chaand bhi toh adhoora adhoora hokar pura hota hai

Woh adhoora hota hai tabhi utna khoobsurat lagta hai

jitna pura hone par

Hume sab kuch acha chahiye

iske peeche bhagne se toh behtar hai

Hume koi sacha shaqs chahiye

isey hum kyun nahin accept kar paate hai

Shayad koi dost perfect nahi hoga

Jisey mohabbat huii hai woh perfect na ho

Shayad koi apna bhi perfect naa ho

Par inn sabhi rishto mai perfection ki koi jagah he nahi hai

Kyunki jab dil mai khichdi banti rehti hai

tab dimaag ke chemical ingredients usme nahi daala karte

Isliye

Perfection ko compulsion mein nahi extras mai rakha jaata hai

Jiske hone naa hone se rishto ki chaasni ki mithaas

rati bhar bhi kam nahin hoti hai

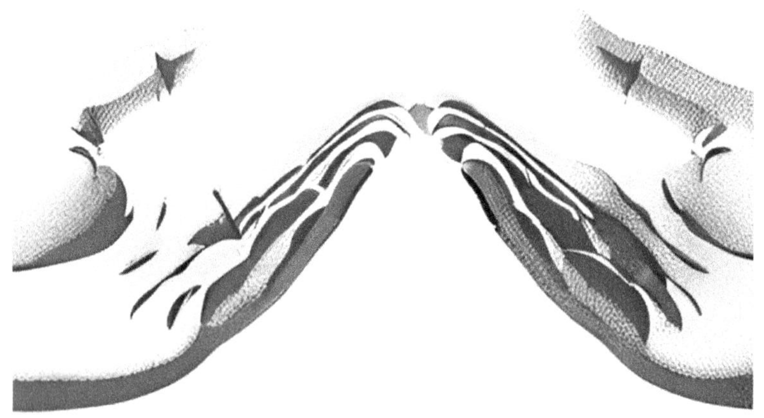

DO ROOH

Do rooh

Mohabbat kisi bandhan ki mohtaaz hargiz nahi ho sakti
woh toh udaan ka naam hai,

Par hum sabhi ne milkar mohabbat ko bhi baandh diya,

Kisi ne isey taarik se bandha,

Kisi ne lafzo se

Aur kisi ne mehenge surprise so se,

Par hum sabhi ne mohabbat ko ehsas se baandh na he bhul gye,

Hum sab yeh he bhul gaye jaha feelings hi nahi hogi toh inn
sab ka matlab he nahi bachta

Mana bade makaan ki zarurat hai,

Par usey zyada zaruri uss mein rehne wale khush hai ki nahi,

Pehle jab makaan kachey hote the

toh har aansuo ka hisaab hota tha,

Aaj sab ke apne apne kamre hai par koi aansu ki wajah puchne
tak nahi aata,

Dheere dheere aisa kyun lagta hai ki humne mohabbat ko
chotta aur ego self respect ko bahut bada bana diya,

Joh sab karte hai woh zaruri nahin ki hum bhi kare,

Family status, Luxury gaadiya inn sabse self satisfaction ho
sakta hai,

Par mohabbat mai toh do rooh ka attachment hona chahiye

Chapter 3
RISHTEY

BETA KHAANA THEK SE KHAYA?

Beta khaana thek se khaya?

Humse bura phir kaun hoga

Jisne maa ko kabhi samjha naa hoga

Duniya jeetne nikle the

Par joh humari duniya thi usiko peeche chodkar aage bade the,

Mathe par chandan lagane se phir kya hoga

Jab maa ki mamta ka naseeb na hoga

Dard mein phir kisey pukaroge

Bheed mein bhi akele reh jaoge

Maa se badkar kaun hai,

maa ke aanchal sa milta kaha sukoon hai

Duniya ke diye gaye har ghav ki marham maa,

Har dharm ka saar maa,

Maa se mili har shiksha se

Zindagi ki har pariksha ko jeet jaayenge

Par agar maa se joh bichade

Toh kahin ke naa reh payenge

Charo dhaam ka sukh jinke sirf saye mai samaya ho

Charno mai reh jao unke fikr nahi chahe jitna bhi kama paye ho

Yaad rakhna Maa yeh nahin puchti kitna kamaya?

Maa toh yeh puchti hai beta kya khaana thek se khaya?

AB KITNO SE BAIR KARE HUM....

Ab kitno se bair kare hum….

Jab kaam pade toh koi na aaye,
Phir apne- apne latife sunaiye,
Ab kaise kispar bharosa kare hum,
Ab kitno se bair kare hum

Jab ankho se ashru dhara bahi,
Khoja apno ko par mila na koi,
Ab ache waqt mein kaise unhe apna kahe hum,
Ab kitno se bair kare hum

Jab samay pathjad ka aaya ho,
Toh bagho mein phool kaise aaye,
Jab toofan aaya ho tumhari aur
Toh tumhari kashti ko kon chalaye
ghee mein ghee bharte logo se aakhir kya kahe hum
Ab kitno se bair kare hum

Sab ki apni- apni pareshani hogi,
Madad ka socha toh hoga,
Par nafe nuksaan ki daud mai
Nazarandaaz ne baazi mari hogi
Ab kitno se bair kare hun

AAO EK MAKAAN BANAYE

Aao ek makaan banaye

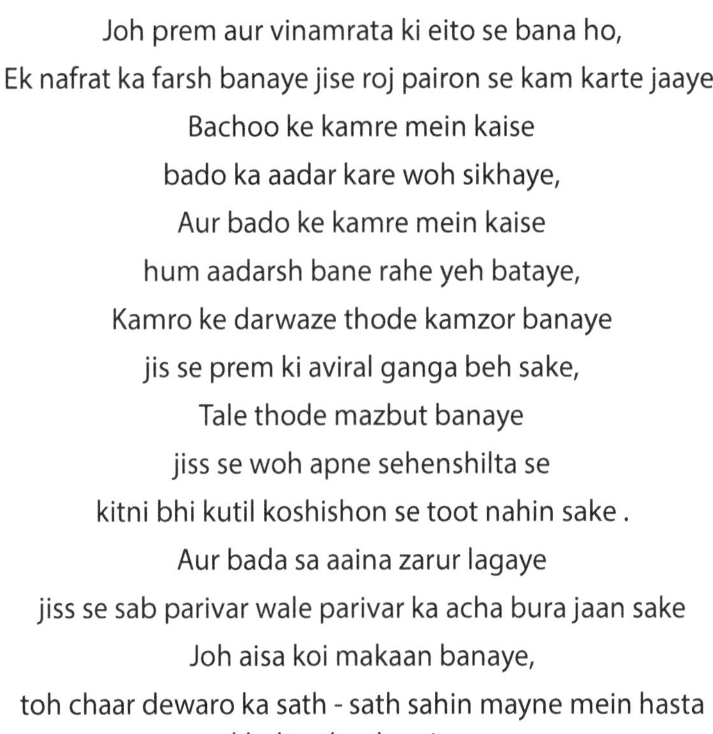

Joh prem aur vinamrata ki eito se bana ho,
Ek nafrat ka farsh banaye jise roj pairon se kam karte jaaye,
Bachoo ke kamre mein kaise
bado ka aadar kare woh sikhaye,
Aur bado ke kamre mein kaise
hum aadarsh bane rahe yeh bataye,
Kamro ke darwaze thode kamzor banaye
jis se prem ki aviral ganga beh sake,
Tale thode mazbut banaye
jiss se woh apne sehenshilta se
kitni bhi kutil koshishon se toot nahin sake .
Aur bada sa aaina zarur lagaye
jiss se sab parivar wale parivar ka acha bura jaan sake
Joh aisa koi makaan banaye,
toh chaar dewaro ka sath - sath sahin mayne mein hasta
khelta ghar ban jaaye

EXPECTATIONS - PART 2

Expectations - Part 2

Chalo ab beta bada ho gaya hai papa ke shoes bhi baithne lage hai,

mera beta ab mera kaam sikhne laga hai,

abhi bas yeh sambhal le mai free ho jaunga,

kaam toh sikh he jaayega mera beta hai aaram se ho jaayega,
hum toh gaanv se kuch bhi sikh kar nahi aaye the,

tumhare pass toh aaj sab kuch hai aaram se ho jaayega,
papa mai yeh nahin karna chahta,

aapke kaam ki bahut respect hai par mujhse nahin ho paayega,
agar kar bhi liya toh chalana mere liye mushkil ho jaayega,

aapka kaam, aapki mehnat aapke sapne carry karna aasan nahin hai,

mai chahta hun karna par mere yeh sapne nahin hai,

toh kya isey bandh kar du,

jis dhande ko pedhi dar pedhi chale aisa banaya tha sab khatam kar du,

kabhi socha nahin tha tu aisa karega,

kya tu pitah ke sapne ko pura nahin karega?
papa mai aapke sapne ko pura karna chahta hun,
bas sirf yeh kaam nahin karna chahta hun,

aapne bachpan se sapne dekhna sikhaya,

kya sahin kya galat iska fark bakhoobi samjhaya,

aapka naam ho aisa kaam karu,

par aapko naraz karke nahin aapke razamandi se karu,

tu aage badh beta, mere expectations ka pressure tujhe kabhi bhi feel naa ho,

aisa toh kabhi nahin ho sakta ki teri khushi jisme ho usme meri khushi naa ho

72

**Khwashein likhta hun,
Shayad woh mukkamal ho naa ho ,
Par uske sath jeene ka ek mauka toh zarur
de jaati hai...**

PAPA

Papa

Jisey samajh baithe the sirf ek shabd

woh toh pura shabdkosh tha,

Jisey samajh baithe sirf ek rishta he toh hai.

woh toh mano jaise tha koi rab ka nayab farishta,

Jisey samajh bhaithe sirf ek zimmedari toh hai unki

par usey nibhate-nibhate bhul he gaye beet gayi

unki zindagi saari

Jisey samajh baithe the unka gussa aur unki dakhalandazi par

samajh hi naa paaye unko statti thi chinta humari

Jisey samajh baithe the ki kuch kahenge toh manenge nahin

par bhul hi gaye kaise woh apne baacho ki khamoshi ko kaise

samjhenge nahin

Mana har chaukhato par rab ka ehsas hai

Phir kyun dundhe yaha-waha jab rab khud humare aas pass hai

Tum koi Jaadugar ho kya?

Jahan Zamana tumhe lutne ki firak mein hai dipesh,

waha ek shaqs aisa bhi hai

joh tum par

sab kuch lutana chahta hai uski saari mohabbat,

saari daulat,

saari soharat

Papa

Chapter 4

MAGIC MOTIVATION

**Musibaton ke pahad bhi
toot sakte hai,
Bas dekhna yeh hai ki
tum mein manjhi sa hausla hai kya?**

SMILE PLEASE

Smile Please 

Photos click karne se pehle cameraman kehta hai smile please

Aur ek khoobsurat si tasveer hamesha ke liye save ho jaati hai,

Muskurata huaa chehra jab mehfil mai shirkat karta hai

toh centre of attraction ban jaata hai,

Latakaya huaa chehra mehfilo mein sirf kisi kone mein

Bas khade reh jaata hai,

Mana bahut si pareshani hogi,

Shayad exam ka result aaya hoga,

Yaa naukri ka interview crack nahi kar paya hoga,

Family ki financial condition thek nahi,

Yaa koi Wada karkar bhi kabhi lautkar nahi aaya hoga

Udaas rehne se kya yeh sab solve ho jaayega,

Chehre mai smile rahegi toh tu joh chahta hai yeh kayanat bhi samaj jayega,

aaj ke baad koi udaas dikhe toh apni pareshaniyan mat sunane lag jaana,

Apne mobile mai camera on karkar "smile please" kehkar aana

Dimaag mai yeh baat kyun na hamesha ke liye freeze ho jaaye,
Halaat kuch bhi ho bas har daur mai chehre par please ek smile ho jaaye

Aaj ke baad kabhi mat kehna "take it ease" Behtar hoga kehna ki "smile please"

PHIR EK NAYI SUBAH

Phir ek nayi subah

Phir ek nayi subah,
Phir ek nayi umeed lekar aayi hai
Ki zindagi thodi behtar hogi,
Hume sambhalne ka mauka zarur degi,

Yeh joh nayi subah ki roshni hai,
Kaafi waqt andhere ke guzarne ke baad aayi hai,
Guzara huaa waqt bahut mushkilon se guzra hai,
Par iss subah ki koi baat hi alag hai,

Aasmaan mein chhai yeh lalima
Meri zindagi ko bhi phir khoobsurat banana chahti hai
Yeh saare pankh joh udne ko bekarar hai woh batana chahte
hai ki aasman se zyada zameen ki kya-kya khoobi hai

Har subah ka yeh bharosa mujhe har din ladne ka bharosa
deta hai,
Ki zindagi behtar hogi, bas tu koshish kar, har subah nayi hai,
Nayi shuruaat karne ka mauka de rahi hai,

Iss subah mein purane andhere ki bhanak tak lagne mat dena,
Iss se zindagi mein jeetne ka daawa toh nahi karta,
Par har din jeene ki ek umeed zarur hogi

DHAIRYA

Dhairya

Jab mann mein dhairya dhar kar jaaye
Tab manav shakti sikhar chad jaaye
Purano mein kitne ansh mil jaate hai
dhairya ki sadhna se kitne vidhvansh tal jaate hai
Agar surpanakha ke kehne ke baad raavan ne dhairya dhara hota
Toh raavan ki mahima ke aage aaj kaun khada hota
unhone na hasne ka dhairya rakha
Duryodhan yeh seh na saka
Dono ke adhairya ne dharti ka vinashkari adhyay likha
Sikho ram ke dhairya se kaise duniya jeeti jaati hai
Sikho mahavir ke dhairya se
kaise chorasi lakh jeev yoni se mukti paayi jaati hai
Agar man mein dhairya ka dhyey hai toh kiska bhay hai
Dhairya tapasiya hai sadhna hai jeevan ki vilakshan yatra hai
Woh sab muskil se muskil chunotiya paar kar jaaye
Jab mann mein dhairya dhar kar jaaye

TOOTI DUNIYA KO JODNE NIKLA HUN....

Tooti duniya ko jodne nikla hun....

Tooti duniya ko jodne nikla hun,

Safar hai mushkilon bhara par pura karne ka mann banakar nikla hun

Har udasi ko khatam na kar saku toh kam toh kar he sakta hun,

Ishq beh hisaab naa ho toh kya huaa

woh sabhi ke liye misaal ban sake itni

toh ek imandaar koshish toh kar he sakta hun

Kabhi-Kabhi esa lagta hai isi bhaagti daudti duniya ke beech humne mohabbat mai milti sukoon ko kahin bahut peeche chod diya

Yaha tute logo ki koi kami nahi hai,

Muskurate chehre toh hai par dil mein khushi kyun nahi hai

Socho humne toh "candid" clicks ko bhi scripted click bana diya

Joh natural flow mein hona chahiye tha usey bhi artificial world se jod diya

Sabko khush karte-karte humne apni khushi ko nazaraandaz kar diya

Itna aasan tha hume kehna aao milkar mohabbat bante

shikayatein narazgi ko aao milkar sudhare,

Par sab ne milkar esi duniya bana di

Jaha kisiki problem ko judge kiya jaata ho

Jaha kisika dard banta nahi badhaya jaata ho

Kyun na hum sab milkar
Kisike dard ko bant sake
Kisike zakhm ko bhar sake,
Kisike humdard ban sake
kisiki tuti huii duniya ko hamesha-hamesha ke liye jod sake

RESTART

Restart

maana life easy nahin hai har mod par problems wait kar rhi
hai humara

Par problems aayegi isliye hum life ko quit toh nahin kar
sakte hai na

Life mein sabko sab kuch nahin milta

Isi adhurepan ke sath rehna bhi padta hai

Aur dheere-dheere uske sath jeene ki aadat bhi ho jaati hai

Par problems ke iss dangal mein

Hum life ki zimmedariyon ko bhul jaate hai,

ki humare naa hone se kitna bada vaccum

hum logo ke beech create kar denge

Joh hum shayad kabhi wapis nahin bhar sakte

Depression stress ho sakta hain sabko

Kyunki hum zindagi ke sabse ache daur se nahin guzar rahe hai

Par iska matlab yeh nahin ki hum life ko itna messed up kar le

Ki hum yehi bhul jaaye ki hum kitne special hai

Mana yeh situation jab aapke samne aati hai

Toh iss situation ko accept karna bahut difficult ho jaata hai

Aage ki puri ki puri life blank out ho jaati hai

Par hamesha yaad rakhna jab life blank out hoti hai na toh

Life pura chance deti hai ki uss blank ko kaise fill out karna hai,

Jabhi life hang ho jaaye toh usey shutdown nahin kartey usey

Sirf ek restart ki zarurat hoti hai

PARINDA

Parinda

Tu toh pinjre mein kaid he reh jaayega

Gaanv ki galliyon mein bada huaa

Kya shehar mein bada aadmi ban paayega?

Phir bhi ek parinda udne ki chah mein

Apne sapno ko aankho mein sanjoye

mushkil raasto se guzarkar

Mukkammal jahan tak pahunchne ke liye chal pada hai,

Har daur uske liye aasan nahin

Par phir bhi woh pareshan nahin,

Uski woh zidd hai bina lade kaise pata chalega ki mai jeeta nahin,

Gaanv ki pagdandiyon ko chod

Shehar ki sankirn raasto mein chal pada hai,

Puchta hai khudse mehnat puri ki hai, par phir bhi hum daud
mai peeche kaise?

Bhale chakachaund se dur hai,

Par hamse behtar chunatiyon ko ladkar yaha kaun khada hai?

Isi khoj mein ek parinda chal pada hai

TRY-TRY TILL YOU SUCCEED

Try-Try Till You Succeed

Try-Try Till You Succeed,
Hum bachpan se padhte aaye hai,
Par kab tak aur kitna try karna hai
Yeh nahin samajh paaye hai,
Iss baar "Mains" clear ho jaaye,
Iss baar "Audition" mein toh tu chaa jaaye,
Business mai thoda aur efforts daal,
Written clear ho jaaye toh interview mein thoda sambhal
koshisho ke imtehan sirf muskil he nahin
Waqt bhi bahut le lete hai
Sab kehte hai ek aur try karne mai kya jaata hai,,
Par unhe kya samjhao baar baar koshisho ke bavjud
naa mil paane se ummed aur hausla toot jaata hai,
Par hum bhul jaate hai haar jeet se upar
Hum usey jeena chahte hai,
Par phir ek din hausle ki ungli pakad kar hum khade honge,
Lekar apne koshisho ke imtehan
Phir usey paar karne ki umeed,
Try Try Till You Succeed

Tum koi Jaadugar ho kya?

Koi haarta hai
Koi jeetta hai,
Zindagi ki iss jung mai har koi ladta hai,
kise toh mukaammal jahan milta hai,
Kise toh sab kuch karkar bhi kuch nahi milta hai,
Zindagi ki iss jung mai har koi koshish karta hai,
Kisey toh fakat aasman chumta hai,
Kisey toh bas zameen par baar-baar girna padta hai.
Zindagi ki iss jung mein har koi apni tyaari karta hai
Kisey toh samundar khud salaam karta hai
Aur koi toh kinare par baithkar bund-bund ko tarasta hai,
Zindagi ki iss jung mein har koi apni mehnat zarur karta hai,
Par koi haarta hai,
Par koi jitata hai,
Zindagi ki iss jung mein har koi ladta hai.....

Tum koi Jaadugar ho kya?

Jo bhatke unhe rashta kaha mile

dar-dar bhatakne se kabhi bhagwan kaha mile

Khud se juda hokar prabhu ko dhunde

Par nadaan kaha samjhe prabhu toh

tere andar rache base

Har samasiya har duvidha kabhi itni badi nahin

Joh prabhu ke naam lene ke baad bhi khadi rahi

Tu kahe dare tu akela hai

samajhna bande ki yeh humare krishna ki koi leela

Tere har mushkilo mai sarthi bankar aayenge

Tu chahe arjun bane ya duryodhan

Tujhe ek baar toh zarur samjhayenge,

Saari pareshani saari duvidha mujhe he kyun

Shayad raghuveer jaante ho

Tu seh paayega isliye tujhe he du

SELF LOVE-TRUST

Self Love-Trust

Jab zindagi mein sab dhundla dhundla sa dikhe aage ki
zindagi pure andhere se girhe

Khatkaane par bhi saare darwaze band mile

Tab khud se gehri dosti kar lena

Khud se dosti ho jaane ke baad

Kabhi khudko akela mehsos nahi karoge

chunotiya aayegi, parwah mat karna

Jab khudka sath ho toh har mushkil aasan ho jaayegi

Khone ka dar nahi kuch kar guzarne ki umeed laayegi

Pata hai tumhare paas hazaro bheed sath ho

par khud par vishwas nahi toh bhi

jeet paana mushkil ho jaayega

Par jab tum akele he chal rahe ho aur khud par atoot vishwas
ho toh woh har chunotiyo ko paar kar jaayega

Toh kabhi dagmaga na mat ki

tum par mushkilo ka dher laga hai

Yaad rakhna jab khud par vishwas ho toh jhund mai nahi
samajh lena

maidan mai akele koi sher khada hai

Toh phir chunotiya aane par ladoge, giroge,

par kabhi haaroge nahi

RACE

Jab bachpan mein running race hoti, whistle bajti aur sab daud mein nikal padte

Tab sabko jeetna tha,

Isliye sabko sirf finish line dikhai deti thi,

Finish line pahuchne tak ke safaar ko bhi toh hum behtar bana sakte hai,

Koi beech mai gire

Toh uss par hasne se zyada

Bhehtar hai ki unka hath thamkar

Unka daudna phir shuru karva sake

Iss se shayad hum jeet nahi paayenge

Par kisi ke zindagi ke

Hero zarur ban jaayenge,

Aur yaad rakhna dost,

Ki hero inn choti choti race mai haarega,

Toh hi toh zindagi ki lambi race ko jeet paayega

Awaaz bano,
Azaad bano,
khud ki alag pehchan bano!!

Safar jitna mushkil hoga, Kahaani utni he inspiring hogi

"Logo ne maan liya jisey mit gayi shakshiyat
Woh apni success story phir dobara likhne aaya hai
Phir doobara khada hona mushkil hai,
Par har mushkil se mushkil daur mai ladkar khade huee hai
Sapne ko dekhkar nahin usey jeene ke liye bade huee hai
Maan lo toh tumhara waqt guzar chuka hai
Aur than liya toh tumhara daur aa chuka hai"

Chapter 5

WORD THEME POEMS

TALAASH

Talaash

Sabko kahin na kahin ek aise shaksh ki talaash hai
ki jab khusiya manane ka samay aaye
toh sath mein milkar usko bada de
aur dukh mein sath milkar usko banth de,
agar naraz ho toh manane aa jaye
bin boley he sab kuch samajh jaye,
usko sirf dekhne se sukoon aa jaye,
aur uske hath badane se har manzil aasan ho jaye,
yeh dosti yeh rishtey yeh mohabbat se badkar
kuch ho toh bas woh ho,
meri aadat, meri ibadat, meri chahat
kuch ho toh bas woh ho,
Esa koi shaksh aapke nazar mai ho toh batayega zarur??
Joh mujhse nahi mujh mai rehkar meri talaash karega
aur mujhe mujhse milane ki har sambhav prayash karega
Joh mere ehsaaso ko samjega lafzon ko nahin,
jo meri aankho ko padega zubaan ko nahin
Log kehte hai aajkal aisey log miltey nahin!!
par sach batao koi shiddat se unki talaash kartey nahin...

SAI PALACE
B-mart
पुणे ↑
मुंबई ↑
गोवा ↑
KIO
CORONA VIRUS
CLOSE
IBIBI BANK
CLOSE
COVID-19

GAANV

Gaanv

Uss gaanv ke kachey makaan
mai saalo baad taaley fir se khulne lagey
sheher mein char dewaaro ke andar rehne par majbor log
gaanv mai aakar khuli hawao ko mehsos karney lagey
zimmedariyon ke naam par shehero mai majbur the ve log
aaj zindagi ko bachane ke naam par
gaanv ke aur phir se badne lagey
shukh suvidha se sampaan jinhe fursat naa thi baat karne ki
Aaj wahin log khete hain chalo chopalo pe baithkar
chai ki chushkiyon ke sath kuch baat he kar lete hain
Hawao ka rukh mudhne mai samay nahin lagta dost
par gaanv ke bina ab hamara maan nahin lagta dost
sheher se koi narazgi nahin hai hamey,
par roz uthkar andhi daud lagane ka man nahin lagta,
kise pata tha ki band pade ye aashiyaane
ab shor karti yeh deware hogi,
Gaanv ke galliyon mai awaaze
aur shehro ki galliyan veeran hogi.

MOVE ON

Move on

Kaha ab pehle jaise mohabbat ka izhar hota hai,
Aaj instagram mai
Kal tinder mai match hota hai
Phele ka pyaar kuch post office ki tarah tha
Thoda intezar zarur karata tha,
Par apne address tak aa hi jaata
Aaj ka pyaar login id aur password ki tarah hai,
Agar password bhul bhi jaaye
Toh forget password karkar
Naya password set kar sakte hai Hai na, sahin kaha?
Pehle bhi ek dusre ke beech gussa karte
Naraz ho jaate
Par chodkar nahin jaate
Aaj thoda sa relation mai pressure aane par
"We need a space" kehke relationship se backspace kar jaate
Pehle baat karkar suljha diya jaata tha
Aaj toh block karke relation ko bhula diya jaata hai
Manta hun pehle bhi khamiya thi
Aaj bhi khamiya hai
Par pehle relation mein bane rehna ka
koi na koi bahana dhund he lete hai
Par aaj thodi se baat mai "its over" kehkar move on kar lete hai

Hazaron shikayaton ke bavjud bhi hum sath hai dipesh,

kyunki agar hum he bichad gaye toh woh shikayat kiski karenge

**Chaand toh yahi kahi hai dipesh,
bas ek baar aasman ke andhere se nazar
hata ke toh dekh**

RAATIEN

Raatien

Yeh raatein itni lambi kyun?
Hazaron sawalon se gher leti hai raatien,
Jiska naa toh koi jawab humare paas hai,
har raat khud se yahi puchte hai
Ki umeedo ko sath lekar kab tak chalega,
Naa raasto ka iilm hai
Naa manzil kaha jaakar milegi iska pata hai,
bas har raat se yahi wada karte hai ki
Kal subah hone se pehle har uljan ko suljha denge,
Humne bachpan se raat ko sirf ek andhera maankar baithe the,
Par sach kahu toh raatein andhere ko dur kar
Kal ke jeene ki roshni bankar aati hai,
Jabhi raat ke aasman ko dekhte hai
Toh mano kitni kahaani bayan karti hai
Din bhar ki jagdojehed raat ko un chaand unn taro ko
Dekhkar aankho ko sukoon de jaati hai,
Raatien yaa toh kisi ke liye pal bhar mai guzar jaati hai
Aur kisi ke liye pal bhi guzarna muskil kar jaati hai
Yeh raatien kitni kahaani bayan kar jaati hai

FILHAAL

Filhaal

Filhaal zindagi mein zyada sochne ki zarurat nahi
Filhaal joh chal raha hai uske sath chalne ki zarurat hain
Mana ki bahut si planning fail ho gayi hai hamari,
Par yaad rakhna unplanned trips ke adventure
kuch alag hi hote hain
Filhaal zindagi se zyada expectations mat rakho dosto
Kyunki ye expectations he dum ghot dete hain hamare
Filhaal ye nature ko thoda heal hone dete hain janaab
Aur jinhe tumhari zarurat nahin
Unhe tumhari kami ko thoda feel hone dete hain
Filhaal aapas mai thoda pyaar bant lete hain
Agar dil mai ho kuch ranjeshe to unhe bhi samet lete hain
Filhaal iss daur ke sath kuch din guzar lete hain
Koi udaas ho jaye toh usey bhi muskurana sikha dete hain
Filhaal dar se nahin aatamvishwas se jee lete hain
Aatamnirbhar bankar khud ka kaam khud hi kar lete hain
Filhaal zindagi ke iss pal ko dil mein fit kar dete hain
Agar shabd ache miley toh isey
kitabo ke panno mein likh lete hain
Filhaal zindagi yuhi jee lete hain

AFSOS

Afsos

Kis-kis baat ka afsos karu

Afsos uss baat ka ki woh mujhe kabhi samajh hi naa paaye

Ya woh joh mujhe kabhi samajhne ki koshish hi nahin ki

woh zindagi mein itne mashgul ho gye ki

Unhe thehar kar phir peeche dekhne ka waqt he nahin mila

Yeh khamoshi badi chubti hai

Par yeh ehsas dilati hai ki unke liye hamesha

ek zarurat bana zaruri nahin

Hamne saare faisle sath milkar liye the

par afsos iss baar sunvayi bhi tumne ki

aur faisla bhi tumne sunaya

Uski aankhein jisme masumiyat si chalakti thi,

Uske woh honth joh aapse mein he badbadaya karte the

Uske woh hath joh mere hath mein rehkar mehfuz mehsos
karte the

Par aaj naa woh hath raha naa tera sath

afsos ab bas iss baat ka rehega aaj nahin toh kal jab tum
wapas aana chahogi

Tab tak mai bahut dur jaa chuka rahunga

MANCH

Manch

Iss manch ne mujhe kya kuch nahi diya,

Kabhi logo ko jee bharkar hasaane ka mauka diya,

Kabhi logo ko rulane par majbur kiya,

Kabhi mudda utha sako yeh takat di,

Sabke dil ko chuu saku itni pehchan di,

Kabhi manch se gandhigiri sikha paaya,

Kabhi kalam ki takat khud mai sama paaya,

Kabhi dosto ke liye customised poetry bana paaya,
Phir unke introduction se kitna sukoon mil paaya

Kabhi shaadi se pehle couples seminar dene ko bulaya gaya,

Kabhi end moment mai hosting ke liye tayaar kiya gaya, Mai
ne har mauke ko puri tarah bhunana chaha,

Har manch se iss zindagi ko puri tarah jeena chaha,

Ae manch tera shukriya,

Tune mere liye kya kuch nahi kiya

Mujhe gumnami mai jeene se behtar

Manch se zindagi ko jeene ka mauka diya

Yeh saare taare andhere mein bhi roshan hona jaante hai,
Phir hum kis savere ke intezar mein hai?

Chapter 6
ZINDAGI

UNPREDICTABLE SI ZINDAGI

Unpredictable si zindagi

Itni unpredictable si zindagi mein bhi, hum kitne prediction
kar lete hai,

Padhai, naukri aur phir shaadi isey he zindagi ka ultimate goals
bana lete hai,

iilm tak nahi hai ki kal kya hoga,

Par aaj ko isi chinta mein kho dete hai,

chote-chote sapno ko toh yuhi roj marte rehte hai,

Aaj kaam kar le, kal jee lenge yuhi zindagi ko taalte rehte hai,

Kal koi naya variant aayega,

Isi chakkar mai aaj ko kyun barbaad kare,

Agar jee sakte hai aaj bhi,

Toh kal ka kyun intezar kare,

Agar kal kisi se izhar-e-mohabbat karni hai,

Toh aaj kyun nahi kehte ho,

dabi-dabi awaaz se mohabat ko he chupakar rakhte ho,

Agar parbaton ko langhne ka khawab hai,

Toh aaj se chalne ki mashakat toh karni hogi,

Agar hausla pura ho,

Toh aaj nahi toh kal, manzil ko toh tumse mulakat karni hogi,

Iss zindagi ko naa jeene ke toh hazaro bahane budhaape mai
bataoge,

Zimeedari, mehanat, parivaar sabko sunaoge,

Par tumne joh khoyi hai zindagi kya usey khud ko lauta paoge,

Toh phir struggle story ke sath iss

Safar story ko bhi kyun na thoda aur interesting banaya jaaye,

Kitaabo mai sirf jeetna nahi, apni tarah se jeene walo ko bhi ko bhi jeeta huaa bataya jaaye

BADE SHEHAR

Bade Shehar

Kehkar aaye the ghar se ki bade shehar mai jaakar sab kuch
haasil kar aayenge,

Unchi building mai apna bhi makaan hoga,

Gaadi woh hogi jisme jaguar wala logo bana hoga,

Kuch bhi adhoora nahi, sab sapna pura hoga,

Hum bhi that bhat se jeeyenge

Chinta na karna time par money order kar denge,

Par yaha aakar pata chala ki meri tarah aur kitne log aaye hai,
Par sirf mutthi bhar log kuch kar paaye,

Baaki saare yaha isliye hai ki ghar laut gye toh jawab
kya denge,

Vaha pe sabko face karne se acha hai ki yaha rehkar adjust
kar lenge,

Kya socha tha maine ki unchi building mai apna bhi
makaan hoga,

Yaha toh kiraya ka makaan bhi le paaye toh jeena thoda
aasan hoga,

Badi gaadi toh chodo rickshaw mai baithne par manzil se
zyada meter par dhyan rehta hai,

Sab kuch pura karne ke chalte sab kuch adhoora reh gya,
Iss bade se shehar mai khud he kahin ghum ho gya

NAUKRI

Naukri

Aapka beta nalayak nahi layak nikla,

Yeh zamana kab mere baap se kahega, Sabhi log degree toh
de rahe hai,

Par yaar yeh log naukri kyun nahi dete

Sapne toh bechte hai,

Par yeh log uss sapno ko pura karne ke liye paise kyun nahi dete,

Sabhi ne kaha man lagakar padhai karna,

Par kabhi kisi ne yeh kyun nahin kaha ki naukri ki chinta
mat karna,

ek post ke liye 100 aa jate hai, ek ko naukri milti hai

ninety nine meri tarah udas hokar ghar laut jaate hai,

Rait ki tarah zindagi guzarti jaati hai,

Par muskil se koi dhang ki naukri mil paati hai

Bade packages overseas he mil paate hai,

apne desh mein rehkar kaam karne par

retirement ke baad bhi hazaro chakkar lagwate hai,

Kabhi maa ke samane sar fakr se uncha karne ka man nahi
hota hai,

Package kam hone ke chalte maa ke zevar

naa chuda paane ka gham hamesha rehta hai,

Kabhi sapno ke sath samjota kar liya,

Kabhi kam package mai bhi overtime kaam kar liya,

Zindagi ka sirf ek hissa tha naukri par pura hissa naukri
mein kho diya

WAQT

Waqt

Zindagi mein har chiz paana aasan hai,

Ghar, gaadi, maakan ek din sab kuch haasil kar jaayenge,

Par kya waqt ko vahi thehar kar rakh paayenge

Joh kisse adhoore chode the waqt rehte pure nahi kiye gaye

Toh phir kabhi pure nahi ho paayenge,

Joh izhar e mohabbat aaj bayan nahi huii phir woh kabhi puri
nahi ho paayegi

Joh dosti ke wade aaj milkar nahi nibhaye

Toh phir dosti ke mukammal khawab joh sath milkar dekhe
honge woh kabhi pure nahi ho paayenge,

Papa ko badi si jhappi deni ho

Yaa maa ke aanchal mai sar rakh kar sona ho

Toh aaj he jaakar pura kar jaana,

joh kaam waqt rehte pura nahi kiya gaya woh kabhi pura nahi
ho paata hai,

Phir usi khalipan mai jeena hoga ki hum kar sakte the,

Joh gulab kisi kitaab mai pada tha usey ek baar jaakar de sakte the.

Joh problem mai dost tha uske sath rehkar kuch kam kar sakte the,

Joh maa -baap ko ek baar unki humari life mai kya importance
hai woh bata sakte the,

Par nahi ho paaya

Kyunki waqt ki andhi race mai duniya jeetne nikal pade,
Toh dil kaisey jeet paate?

ZINDAGI - ISEY ZAYA NAHI, ZYADA JEENA CHAHIYE!

Zindagi - Isey zaya nahi, zyada jeena chahiye!

Zindagi ne mujhe daudna sikhaya

Ladna sikhaya

Har halatoon mai sambhalna sikhaya

Par zindagi bhi na kuch pal bhi sukoon se jeena sikhana bhul he gayi

Bhul he gaye ki daudne ke baad ladne ke baad girkar sambhalne ke baad sukoon ke kuch pal kitne zaruri hai

tab he toh pata chalta hai sab se kitni he nazdiki hai or khud se kitni duri hai

Jab inn hawaon ki thandak ko samajh paayenge

Jab Samandar ki leharo ko aankho mein sama paayenge

Jab badal sirf barish nahi

kavitaon ki bundo ki tarah aayegi

Tab samajh aayega zindagi sirf 9 to 9 ke liye nahi bani hai

Khud ki zindagi ko puri tarah jeene ke liye bani hai

Toh isey yuhi zaya nahi thoda zyada jeena chahiye

MALAL

Malal

Bahut kuch khokar iss mukam par pahuche hai

Agar peeche mudkar joh dekh le ki kya khoya kya paaya toh jaan paayenge ki iss daud bhaag mein zindagi toh yuhi ho gayi zaya,

Duniya ki tarah jene ke chakkar mai

Khud kaise jeena chahte hai yeh kabhi socha he nahin

Kabhi socha nahin joh sapne kisi kitaab mai likh kar chod diye

Unn saare sapno ko hamesha-hamesha ke liye kho diye

Duniya hamesha kahegi ki

yeh kaam ho jaane ke baad phir waqt he waqt hai

Par yaad rakhna koi bhi daave se nahin keh sakta

ki kaunsa waqt tumhara aakhri waqt hai

Hum joh karna chahte hai woh kabhi kiya he nahin

Do pal ki iss zindagi ko pal bhar ke liye bhi jee bhar jiya nahin

Apne mutabik apne khushiyon ke sath jeena sikho phir kisi ke liye misaal ban pao na ban pao

kisi ke liye dil mai malal toh nahin rahega

ZINDAGI EK KHOOBSURAT KITAAB

Zindagi Ek Khoobsurat Kitaab

Kitne gham chupakar chalte hai

Kehna toh bahut kuch hai par kehne se kyun katrate hai,

Koi samjhega nahin woh toh baad ki baat huii,

Par tum kahoge he nahin yeh kya baat huii

Dil he toota hai phir jod lenge

Apne he ruthe hai phir mana lenge

Nuksan he huaa hai phir kama lenge

Kyun inn pareshaniyo ko apne khushiyon se badkar maante ho?

Haarne ke silsile se kyun ghabrate ho?

Waqt hai apni baazi paltega

Haarne ke baad he jeetne ka Silsila shuru karega

Zindagi ek khoobsurat kitaab ki tarah hai

Usey itni mohabbatse nawazo ki log uss kitaab ko kisi shelf mein nahin,

Apne gale se lagakar rakhe

FLASHBACK

Flashback

Kaun jaanta hai kaunsi mulakat aakhri hai,
kaunsi baatein puri hogi yaa rahegi hamesha ke liye adhoori,
Aaj jiske liye roj bhaag rahe hai
Kal achanak se pata chalega ki
Hum uss daud ke hissa tak nahin the,
Ranjisho ke liye waqt he kaha
Pata he nahin chalta hai ki
Hum pehle panno se aakhri panno tak kab poch gaye,
Toh humare paas waqt he nahin hai?
Waqt toh shayad bahut hai
Yaa shayad bahut kam,
Marne ke dar se jeena chod de
Agar sach mai jeena chahte hai
Toh roj mann ko marna chod de,
Jab hum aakhri sans le rahe honge,
Toh log kehte hai hume flashback dikhai dega
Agar sach mai aisa koi flashback dikhai de
Toh usey dekhkar aankhein nam ho jaaye,
Chehre pe ek muskurahat aa jaaye,
Aur dil hai na dil halka mehsos kare
Iss tarah vida hona hai…

Aasman se jaakar keh do koi thodi aur
jagah bana lo,
Ab parindo ke udne ka
waqt aa gaya hai 🕊

THANK YOU NOTE:-

WRITTEN BY:-
DIPESH KANHAIYALAL JAIN (MOTAWAT)

DIVINE BLESSING:-
LATE SHRI KANHAIYALAL CHUNNILAL JI MOTAWAT

MAGICIAN OF MY LIFE:-
FAMILY & FRIENDS

SPECIAL THANKS TO MY WIFE:
PREKSHA SHAH (MOTAWAT)

ILLSUTRATION & SKETCH
VARNIKA JAIN & KINJAL JAIN
CANVA